I0558260

www.ingramcontent.com/pod-product-compliance
Lightning Source LLC
Chambersburg PA
CBHW061144120626
46546CB00005B/1922
* 9 7 8 1 9 9 0 7 6 0 2 1 1 *

گندم زار

محل ابراز احساسات، باورهای فلسفی و سیاسی و...

نویسنده: قیصر خسروان

خانه انتشارات کیدزوکادو

فهرست

سریال کتاب: P2345100136

عنوان: گندم‌زار

زیر نویس عنوان: هایکو

پدید آورنده: قیصر خسروان

صفحه آرا: ی نرگس تاج الدینی

طراح جلد: محبوبه لعلپور

شابک: ISBN: 978-1-990760-21-1

موضوع: ادبیات، شعر

مشخصات کتاب: Paperback Book , A5

تعداد صفحات: ۲۵۲

تاریخ نشر در کانادا: می ۲۰۲۳

Kidsocado Publishing House

خانه انتشارات کیدزوکادو

ونکوور، کانادا

تلفن: +1 (833) 633 8654

واتس آپ: +1 (236) 333 7248

ایمیل: INFO@KIDSOCADO.COM

وبسایت انتشارات: HTTPS://KIDSOCADOPUBLISHINGHOUSE.COM

وبسایت فروشگاه: HTTPS://KPHCLUB.COM

قوی سیاه فرهنگ ایران

آیا تا کنون یک قوی سیاه دیده‌اید؟

آیا شما هم باور دارید که تنها قوی سفید وجود دارد؟ باور به وجود قوی سیاه شاید دور از ذهن باشد؟ شاید هنوز یک قوی سیاه به چشم ندیده‌اید؟ قبل از کشف استرالیا هیچکس نمی‌دانست که قوی سیاه وجود دارد و همه خیال می‌کردندکه امکان‌پذیر نیست اما زمان کشف استرالیا قوی سیاه که قویی بسیار زیبا و کمیاب بود دیده شد. و بسیاری از مردم باور کردند که قوی سیاه نیز وجود دارد.

و ما، یعنی خانه انتشارات کیدزوکادو، قوی سیاه را در فرهنگ ایران بوجود آوردیم. قوی سیاهی که امکان وجود و باورش سخت بود.

هم‌زبانان ما نیز شاید از وجود یک انتشارات رسمی خارج از ایران که این امکان را به پدیدآورندگان یک اثر فرهنگی برای انتشار اثرشان در سراسر دنیا بدهد و همچنین دسترسی به کتاب فارسی را به علاقمندان کتاب در سراسر دنیا آسان کند، خبر نداشتند و انتشار و تهیه کتاب فارسی از یک بستر جامع مانند قوی سیاه غیر ممکن به نظر می‌رسید.

افتخار داریم که سهم کوچکی در گسترش فرهنگ غنی‌مان داریم و امکان انتشار آثار به فارسی و هر زبان دیگری را برای اولین بار برای نویسندگان فارسی‌زبان میسر کردیم. امکان جهانی‌شدن پیامشان و رسیدن صدایشان به دنیا را...

و اما برای ما غربت‌نشینان، سفارش کتاب فارسی از **آمازون** و یا هر وبسایت کتاب‌فروشی و دریافت‌اش درب خانه، لحظه گشودن آن بسته، بوی کتاب و ارتباط با زبان مادری بسان دیدن قوی سیاه شگفت انگیز است.

در رسالت ما یعنی، در دسترس گذاشتن سریع و آسان، آثار و فرهنگ غنی ایران و معرفی نویسندگان ایرانی به فرزندان ایران، به کتاب دوستان ایرانی و به تمام دنیا، همراه ما باشید.

بخوانید تا دنیا را احساس کنید. *Read the words feel the world.*

کلاب کتاب کیدزو کادو

پیامتان را جهانی کنید. *Let The World, Reach your Words.*

خانه انتشارات کیدزوکادو

قوی سیاه برگرفته از کتاب قوی سیاه نوشته نسیم طالب

پیش سخن

"اساس نامه"

هایکو.

«هایکو» مجال یکه‌تازی و میدان‌داری را بر سراینده بسیار تنگ می‌کند. هرچند هایکو صنایع ادبی که در چکامه‌ی سنتی و کلاسیک و مدرن جهان وجود دارد را از دست و پای سراینده می‌گشاید اما اجازه‌ی به کارگیری حروف و واژگان را آن‌چنان اندک می‌سازد که به خودی خود به‌کارگیری صنایع ادبی به مرز محال نزدیک می‌شود و حتی خودِ سرودن به جایگاه محال تکیه می‌زند. اگر بگوییم سخت‌ترین سبک سرودن در جهان هایکو است سخنی بی‌راه نگفته‌ایم. قانون هایکو به ما می‌گوید که سراینده در سه سطر و هفده حرف چکامه‌یی بسراید که نخست متکی به طبیعت باشد و سپس عاری از صنایع ادبی بوده و در آن تصویرسازی انجام شود و احساسات سراینده در آن وارد نباشد و هم‌چنان دارای مفهوم و معنا باشد. به عبارتی دیگر قانون هایکو

می‌گوید که سراینده باید با واژگان از طبیعت عکس بامفهوم بگیرد و برداشت از این عکس را به مخاطب واگذار کند. در این‌جا من قصد دارم با وارد ساختن یک رفرم هایکو را بیش از پیش سخت و میدان جولان را برای سراینده تنگ‌تر سازم. این رفرم چنان است که اندیشه و احساسات سراینده در سرودن هایکو به کار خواهد رفت و هایکو تنها یک تصویر خشک و عکس گرفتن از طبیعت با واژگان نخواهد بود. بلکه اساسن در این رفرم و بیانیه هایکو با حروفی به شدت اندک محل ابراز احساسات و باورهای فلسفی و سیاسی و اجتماعی و عاشقانه و عارفانه و طبیعی و طبیعت‌گرایانه و غیره خواهد بود. آیا با این تعداد حروف اندک خواهیم توانست چکامه‌یی هایکو و مفهومی آفرینش کنیم که در یکی از عرصه‌های اندیشه و جهان پرسش‌آفرین و یا پاسخ‌آفرین باشد؟ می‌دانم چالشی جدی پیش روی سرایندگان است. بدون شک آفرینش چنین چکامه‌یی هایکویی به شدت سخت است اما غیر ممکن نیست.

این اساس‌نامه با در نظر داشتن کمبود شدید حروف برای سرودن هایکو به سراینده این اجازه را می‌دهد تا در یک هایکو یک و در نهایت دو حرف بیش از تعداد حروف اساس‌نامه به کار ببرد. اما چکامه سرای هایکو آزاد است برای سرودن حروف کم‌تر را به کار گیرد و هیچ‌گونه محدودیتی برای به‌کارگیری حروف کم‌تر در کار نخواهد بود. ولی سراینده باید بتواند با این حروف اندک واژگانی را در سه سطر به کار گیرد که تشکیل‌دهنده‌ی یک چکامه‌ی دارای مفهوم باشد. اما اساس تعداد حروف همان هایکوی ژاپنی خواهد بود و ما باید به این سنت و فرهنگ وفادار باشیم و در سه سطر و هفده حرف هایکوی خود را بسراییم.

در گندم‌زار تنها در چکامه‌ی شماره‌ی ۳ اصول این اساس‌نامه رعایت نشده است و تعداد حروف در این چکامه اندکی بیش از حروف پیش‌نهادی هستند. چکامه‌ی شماره‌ی ۳ تعریف هنر از دیدگاه من است و خود نخواستم آن را بیش از این فشرده در اختیار دوستان بگذارم.

قیصر خسروان

۱۰ اسفندماه ۱۴۰۱

خدا گندم‌زار را می‌کاشت
من هم چند دانه‌یی جو و
گندم برداشتم.

۱

خدایا
بخت و تخت
تویی

۲

سال نهنگ
ماه ماهی
روز آب

تاریخ زادروز خودم

۳

هنر
آفریدن ژرفا
با سادگی‌ست

۴

فلسفه
کلید قفل
کیهان

۵

راه من
سُرمه‌ی چشم
یار من

۶

پروانه
سوخت و
سُرمه شد

۷

ساحل و
زُلف یار و
باد بهار

۸

ستایند
گرگ ز یک
رویی

۹

نیکو
تازیانه
زُلف تو

۱۰

چو داس
یغما برد
زلف او

۱۱

خلیلِ
جلیل یار
ما شد

۱۲

مُشک مو
و کنج چشم
خودگو

۱۳

بند من
زُلف آزاد
اوست

۱۴

پاییز و
آوای کوچ
پرستو

۱۵

بار غم
ما بر چرخ
بگردد

۱۶

چشمش
بیابانم
درويد

۱۷

روزِ
بلند مرگ
بهار

۱۸

فتیل
میان خدا
و رندان

۱۹

نور زُلف
تیر او چو
آفتاب

۲۰

کمانش
دائم تیر
داشت

٢١

خُمِّ او
و ساغر من
کجا؟

۲۲

لب او و
جوشن جنگ
من کجا؟

۲۳

او پرده
انداخت و
من سپر

۲۴

تیر زدِ
ابروی‌اش
چو ماه

۲۵

می نوش
و شاد باش
چو آذر

۲۶

چو سیب
لبان او
خونین

۲۷

گیسوی
مِشکین او
مُشکین

۲۸

ساغر
خون جگر
داشت

۲۹

خوک چه
داند شیر
چه کشد

۳۰

کبوتر
و کبک جفت
بودند

۳۱

زلف تو
گندم‌زار
من است

۳۲

سادگی
کهنگی
نگیرد

۳۳

قدح در
رحم آتش
داشت

۳۴

دار و
دد چو جان
عزیز دار

۳۵

مبارز بد
به ز تماشاگر
خُب

۳۶

شجاعت
شاه وجود
انسان

۳۷

پول دو
رو هم خر است
هم خدا

۳۸

پیاله
خون ز قدح
نوشد

۳۹

گل و می
و زلف و نی
بگو چه؟

۴۰

کمانش
تیر غیب
می‌زد

۴۱

آزادی
نیست هیچ
نیست

۴۲

آزادی
محک ارزش
دان

۴۳

شورشِ
درد دوری‌ست
عشق

۴۴

تُرّه‌ی
سِیَه گشود
در دولت

۴۵

بندِ
زبان پندِ
زبان

۴۶

جشن بی
می چو سال
بی دی

۴۷

گره از
زلف گشود
بخت من

۴۸

گمانم
نشود عشق
بی زلف

۴۹

خردمند
سخن دارد
پا و دست

۵۰

عشق
گُستاخ در
نمی‌زند

۵۱

تاریخ
ستایش‌گر
شجاعت

۵۲

درخت
زهر شراب
نمی‌دهد

۵۳

سالوس
و عشوه‌ی
روز

۵۴

نگین
کوروش با
آزادی

۵۵

جمهور
نان و پول
خواهد

۵۶

پیاله
سماع کرد
سبو را

۵۷

فرزند
یکی بس دو
میانه

۵۸

خدا
بیند چشم
زلف پرست

۵۹

چو شب
رَویم روز
رسیم

۶۰

دوش می
بود و یادِ
چشم تو

۶۱

سبو آب
هستی بخش
می‌برد

۶۲

چو شود
بسیار زر
شود مس

۶۳

غوته
در آب کف
گیرد

۶۴

آخوندک
خون خوار
نیایش

۶۵

نیایش
سحر پاسخ
پسین

۶۶

مستی
خَم کج بیش
ز خُم می

۶۷

آرامش
زلف پریش
چو می

۶۸

راستی
ندهد می
آب جوست

۶۹

پژواک
کردار در
گردش

۷۰

سبو در
دل خدا را
داشت

۷۱

آبجو و
آب جو شیخ
گو یکی

۷۲

می دوش
نوش که عمر
چو دوش

۷۳

گر زلف
کنار سبو
چه به؟

۷۴

خدا دوش
دور زلف مه
جام زد

۷۵

زمین
آفتاب به ز
مهتاب

این هایکو در ستایش از فرهنگ و تمدن کشور ژاپن سروده شده است . مردمان ژاپن کشور خود را سرزمین آفتاب می نامند . از همین روی « زمین آفتاب » منظور کشور ژاپن است .

۷۶

تاریک
شب و پیدا
خدا

۷۷

خدا می
خرامید ز
زلف او

۷۸

چو می
نوشی شوی
کودک

٧٩

آبستن
شادی بود
قدح

۸۰

نماز
سوی آتش
سبو کن

۸۱

بنیان
جهان شادی
باشد

۸۲

مِیِ تند و
لبِ شیرین
خورند

۸۳

جهان به
نوروز پای
بکوبد

۸۴

ناخدا
با خدا سر
جنگ بود

۸۵

ناخدا
مست و موج
سخت

۸۶

دریا
باد و لنج
با خدا

۸۷

پشت خر
زین کاری
بس ناروا

۸۸

پرستش
پیش مردم
ریاست

۸۹

دور از
مردم سوی
خدا کن

۹۰

زین زر
پشت خر سُم
بر شکم

۹۱

خردمند
زین اسب و
خر جُل ده

۹۲

خوراک
ساده شکم
آسوده

۹۳

کفش
کُهنه راهِ
دراز

۹۴

چو سحر
دمید ساز
روز کن

۹۵

زین به
خر ستم به
اسب

۹۶

ناز زور
نفریبد
خردمند

۹۷

زمین و
زن بنیانِ
هنرند

۹۸

دین چو
زور گیرد
خود کُشد

۹۹

راستی
پیمودن
هنر است

۱۰۰

زنبیلِ
کتاب شهر
پُر نان

١٠١

زر کمان
بست و کمند
آراست

۱۰۲

سالوس
جامه‌ی زُهد
پیش کشد

۱۰۳

یا جام
یا جامه‌ی
سالوس

۱۰۴

بازار
معبد پول
پرستان

۱۰۵

با خام و
جام جامه‌ی
ریا کن

۱۰۶

آستین
زُهد رنگی
بود

۱۰۷

سر زلف
می‌داشتم
بیدار

۱۰۸

گیسوی
تو سبویی
می‌داشت

۱۰۹

زلف تو
هزار یاری
داشت

۱۱۰

می نوش
و لب خدا
تر کن

۱۱۱

ز خیر خُم
سهم خدا
را هم ده

۱۱۲

گرت می
و مو افتد
گو بهشت

۱۱۳

۱ شنبه
جام جمعه
نوش کن

۱۱۴

خوی
گوسفندی گرگ
پرورد

۱۱۵

آتش
نماد عشق و
آزادی

۱۱۶

بهشت
ماه جشن‌گاه
آزادی

در مقاله‌یی که ۲۷ فروردین ۱۳۹۴ از من در روزنامه‌ی
اعتماد به چاپ رسید سومین سه شنبه از ماه اردیبهشت
را برای «روز جهانی آزادی» پیشنهاد داده‌ام.
این هایکو نیز به همین روز و همین جشن در اردیبهشت ماه
اشاره دارد. «بهشت ماه» منظور اردیبهشت است.
این مقاله در سایت انتشارات کیدزوکادو به اشتراک گذاشته شده است.

۱۱۷

جشن و
شادی کیش
اهورا

۱۱۸

راهِ
عشق دان
سر زلف

۱۱۹

خروس ز
سر روباه
شاه بود

۱۲۰

خاک رهِ
شجاعان
شفاست

۱۲۱

مسیح چو
شراب در
خاک شد

۱۲۲

شراب چو
مسیح از
خاک شد

۱۲۳

انسان
میدان
خداست

۱۲۴

پَست چو
تخت گیرد
ستم کند

۱۲۵

پادشه
ترسو ستم‌گر
است

۱۲۶

عشق
نداری
حیوانی

۱۲۷

چشم نهِ ز
مال و جفت
دوستان

۱۲۸

پیاله
گر شکست
سبو گیر

۱۲۹

دعا را
سر زلف زن
گره زن

۱۳۰

انسانِ
بی‌پرسش
گونیِ تهی

۱۳۱

خواست
زن ز جهان
یک عشق

۱۳۲

رو در
گر خواهی
خدا

۱۳۳

گیسوی
ریش و بخت
آراسته

۱۳۴

جفتِ
عاشق دولت
مدام

۱۳۵

ثروت
یار زیور
دانش

۱۳۶

آزادی
نور زاید
ستم گور

۱۳۷

نومید
مشو گرد
است چرخ

۱۳۸

بادِ
شَرته شرط
باده

۱۳۹

باده
برد باد
دروغ

۱۴۰

دولت
شَرته زلف
بافته

۱۴۱

فلسفه درمان‌گرِ خرافه

۱۴۲

پندار
نیک دولت
آورد

۱۴۳

زلف تو
دریا و لب
من ماهی

۱۴۴

شیخ فر
یابد خدا
نیابد

۱۴۵

شراع
افکند و دل
برکند

۱۴۶

شیخ چو
زور یابد
نور نهد

۱۴۷

آزادی
چراغ راهِ
زندگی

۱۴۸

درون
ما برون
شده

۱۴۹

چو زلف
یار یابی
می نوشی

۱۵۰

شیر گر
نهد شاهی
خر گیرد

۱۵۱

روبه ز
خوان شیر
خورد

۱۵۲

شاهی
به شجاعت
دادند

۱۵۳

شیر
شود الاغ
آید

۱۵۴

نیکی
به دگر رهِ
تو باشد

۱۵۵

آزادی
یعنی چه؟
زندگی

۱۵۶

زندگی
یعنی چه؟
آزادی

۱۵۷

فلسفه
شاه و شیر
فیزیک

۱۵۸

چو تخت
یابی راهِ
نکو جو

۱۵۹

خانه‌ی
نیک ساده
و فراخ

۱۶۰

عشق
نداشت آتش
مدان آذر

۱۶۱

ره راست
غم نان
ندارد

۱۶۲

عیب پوش
و پرورده
نکو باش

۱۶۳

فرش
خدا خوان
دل عاشق

۱۶۴

بی‌سخن
آموزگار
باش

۱۶۵

خورشید
درمان‌گر
بیماری

۱۶۶

گیسوی
گشوده راز
سربسته

۱۶۷

زلف چو
رسن خدا
چنگ زن

۱۶۸

سخن کم
و پُر رفتار
باش

۱۶۹

سخن شیر
دان و شتر
کردار

۱۷۰

ستم
تخت دروغ
باشد

۱۷۱

شیر نر
کوبد پیر
کفتار

۱۷۲

چو شیر
زیر آوری
خر نهی

۱۷۳

به روز
تنگ یار
کم

۱۷۴

شجاع
مرد و نر
با ذَکَر

۱۷۵

خُم خاکی
چو می‌گرفت
بُت شد

۱۷۶

گر تخت
گیرد بخت
گیر دست

۱۷۷

پروانه
ز زلف شمع
بسوخت

۱۷۸

بازی
زلف و چشم
مدان بازی

۱۷۹

پروانه
چشم و زلف
شمع

۱۸۰

افروخت
شمع زلف و
پروانه

۱۸۱

توفان
سرخ ثمر
باد سیه

۱۸۲

سی مرغ
آزادی راهِ
رهایی

۱۸۳

سیه زلف
کرد بختم
سپید

۱۸۴

خواهی
شوی خدا
خودآ شو

۱۸۵

با گره‌ی
زلفش مرا
رها کرد

۱۸۶

راهِ کج
راست کَج
خَم توست

۱۸۷

زلفش
چو مارِ بر
چوب بود

۱۸۸

شیر
نکند شکار
موش

۱۸۹

فلسفه
بی‌کرانیِ
فیزیک

۱۹۰

ذات کژ
مسیح هم نکند
راست

۱۹۱

تاریخ
واژگونِ
مسیحا

۱۹۲

یار با
چنگ و تار
نواخت

۱۹۳

شیر باش
روز نبرد
نه شتر

۱۹۴

تاریخ
کار دستیِ
شجاعان

۱۹۵

گر حقی
با جهان
بجنگ

۱۹۶

نیکی
کن که نیک
بینی

۱۹۷

خامه
چو شمشیر
دست‌گیر

۱۹۸

خامه
باید چو
باده

۱۹۹

تش زلفت
می تش بادِ
توسون

۲۰۰

چو موج
خیزد زلف
تو

۲۰۱

بتی
می‌پیمود
سبو را

۲۰۲

خر چه
داند خامه
و خُم را

۲۰۳

زلف بست
و بت‌کده
را بست

۲۰۴

بت بزرگ
با تیغ کج
می‌کشت

۲۰۵

بت زیر
زلف تیغ
کج داشت

۲۰۶

جهان
کتاب بزرگ
است

نُه هایکویی که پس از این هایکو می‌آیند زیرمجموعه‌ی
این هایکو جای می‌گیرند.

۲۰۷

خوی
چو آتش
باش

۲۰۸

انسان
چو شیر
باش

۲۰۹

ساده
چو کبوتر
باش

۲۱۰

وفادار
چو سگ
باش

۲۱۱

کوشنده
چو مور
باش

۲۱۲

گُستاخ
چو عقاب
باش

۲۱۳

دادگر
چو آفتاب
باش

۲۱۴

ژرف
چو دریا
باش

۲۱۵

آزاد
چو پرستو
باش

۲۱۶

فلسفه
خواهی رو
صحرا

٢١٧

بدگو
گوید
بد تو

۲۱۸

کس خوی
دهدت هر
چه دارد

۲۱۹

دوش
ماه خرمن
زلف زد

۲۲۰

ز نام
ماند داد و
بی داد

۲۲۱

شوی چو
دوستی که
گزینی

چهار هایکویی که پس از این هایکو می‌آیند
زیرمجموعه‌ی این هایکو جای می‌گیرند.

۲۲۲

دوست
ترسو دهد
ترس

۲۲۳

دوست
شجاع دهد
شجاعت

۲۲۴

دوست
نیکو دهد
نام نیک

۲۲۵

دوست
بدگو دهد
نام ننگ

۲۲۶

خوی
بری از
خوراک

۲۲۷

آزادی
نور جهان
است

۲۲۸

تاریکی
نبود نور
است

۲۲۹

ز جهان
یار و نان
بس است

۲۳۰

زلف بست
یار و رمه
را رست

۲۳۱

خدا
چوپانی
کند شب

۲۳۲

خرمن
زلفت نکو
ثمر من

۲۳۳

توبه‌ی
پنهانی
کرد خدا

۲۳۴

ساده زی
گر خواهی
شاد زی

۲۳۵

داد
پیشه کنی
کوروشی

۲۳۶

بی داد
پیشه کنی
اهرمنی

۲۳۷

شفاعت
زلفت تهی
کند جهنم

۲۳۸

خدا
نپذیرد
برهان

۲۳۹

کوی می
سگی ارزد
سد آخوند

۲۴۰

آزادی
را دان چو
خدا

چند اثر دیگر از انتشارات

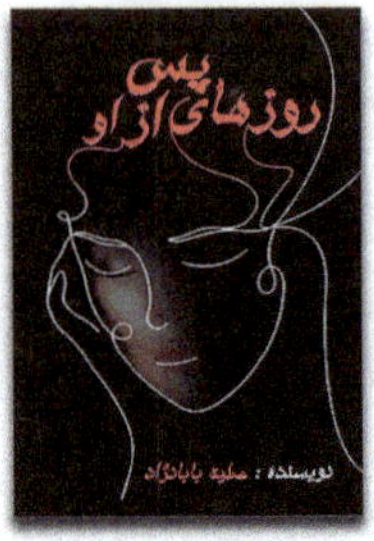

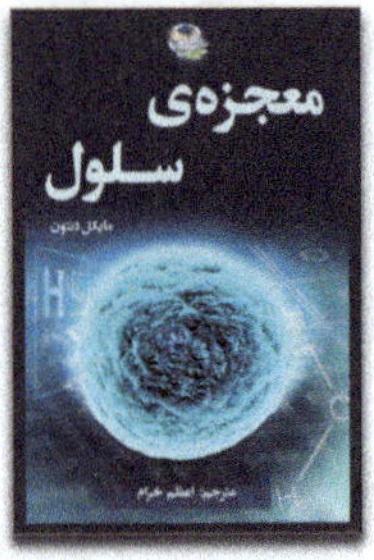

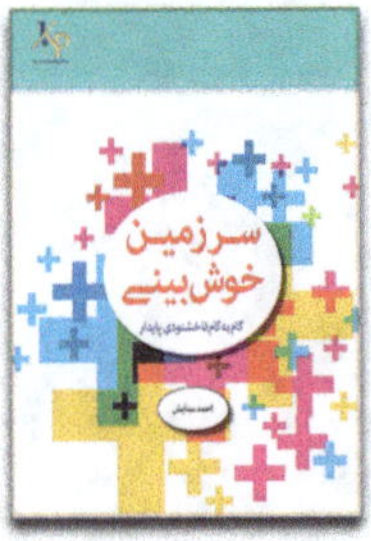

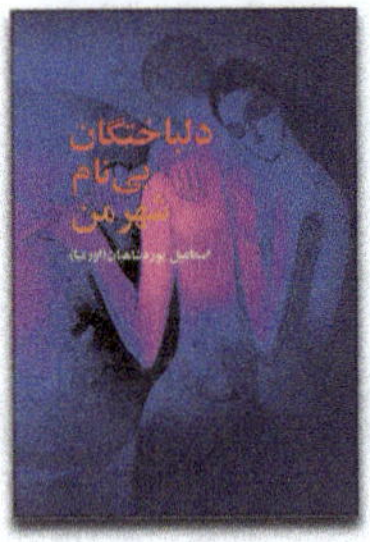

برای تهیه کتاب ها از آمازون یا وبسایت انتشارات می توانید بارکدهای زیر را اسکن کنید

kphclub.com

Amazon.com